Liebe Leserinnen und Leser,

herzlich willkommen zu meinem kreativen Anleitungsbuch „MugRugs nähen"!

MugRugs – auch bekannt als Tassenteppiche oder schlicht Untersetzer für Tassen und Gläser – sind nicht nur praktisch, sondern gleichzeitig auch dekorative Home Accessoires.

Mit Liebe zum Detail und einer Prise Kreativität kannst du individuelle MugRugs gestalten, die sich auch als kleines Geschenk oder Mitbringsel eignen. Leicht und flach kannst du sie hervorragend per Post an liebe Menschen in der Ferne verschicken.

In diesem Buch findest du eine Vielzahl von Anleitungen, Tipps und Tricks, um deine eigenen einzigartigen MugRugs zu kreieren. Ich zeige dir die Grundlagen des Patchworks und stelle verschiedene Techniken vor, mit denen du deiner eigenen Kreativität Ausdruck verleihen kannst. Ob Anfängerlevel oder für Fortgeschrittene, hier ist für jeden etwas dabei. Lass dich von den Designs und verschiedenen Techniken inspirieren.

Viel Spaß beim Nähen und Entdecken!

Deine Alexandra von „sew fluff & fold"

Basic MugRug: eckige Formen

Grundanleitung

GRÖSSE

12 cm x 12 cm

MATERIAL

- Blümchenstoff für die Oberseite, 15 cm x 15 cm
- Stoff in Beige für die Unterseite, 15 cm x 15 cm
- Thermolam-Vlies, 15 cm x 15 cm
- farblich passendes Nähgarn

ZUSCHNITT

STOFF FÜR OBER- UND UNTERSEITE SOWIE VLIES:

je 1 Quadrat à 13,5 cm x 13,5 cm

NAHTZUGABEN

Die Schnittteile enthalten eine Nahtzugabe von 0,75 cm.

SCHNITTMUSTERBOGEN

Bogen 2A

1 Die Stoffzuschnitte für Ober- und Unterseite rechts auf rechts aufeinanderlegen, das Vlies obendrauf platzieren.

2 Alles rundherum zusammennähen, nur an einer Seite eine Wendeöffnung von ca. 5 cm offen lassen. Anfang und Ende der Naht gut verriegeln.

3 Die Nahtzugaben an den Ecken schräg abschneiden. Das Teil durch die Wendeöffnung wenden und gut ausformen.

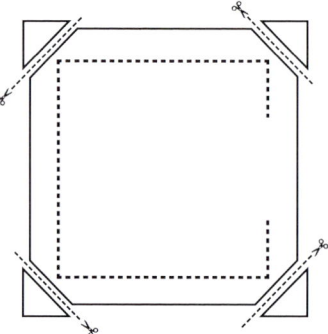

4 An der Wendeöffnung die Nahtzugaben nach innen einklappen und dann die Kanten – besonders an der Wendeöffnung – gut in Form bügeln. Das MugRug rundherum absteppen und dabei die Wendeöffnung schließen.

Mein Tipp für dich

Zum Ausformen der Ecken und Nähte eignet sich zum Beispiel ein Essstäbchen.

Basic Mug Rug: runde Formen

Grundanleitung

GRÖSSE
ø 12 cm

MATERIAL

- Blümchenstoff für die Oberseite, 15 cm x 15 cm
- Stoff in Lila für die Unterseite, 15 cm x 15 cm
- Thermolam-Vlies, 15 cm x 15 cm
- farblich passendes Nähgarn

ZUSCHNITT

STOFF FÜR OBER- UND UNTERSEITE SOWIE VLIES:
je 1x Kreis, ø 13,5 cm

NAHTZUGABEN
Die Schnittteile enthalten eine Nahtzugabe von 0,75 cm.

SCHNITTMUSTERBOGEN
Bogen 2A

1 Die Stoffteile für Ober- und Unterseite rechts auf rechts aufeinanderlegen, das Vlies obendrauf legen und alles mit Klammern oder Stecknadeln fixieren.

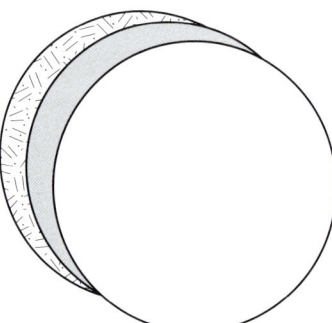

2 Rundherum zusammennähen, dabei an einer Stelle eine Wendeöffnung von ca. 5 cm offen lassen. Anfang und Ende der Naht verriegeln.

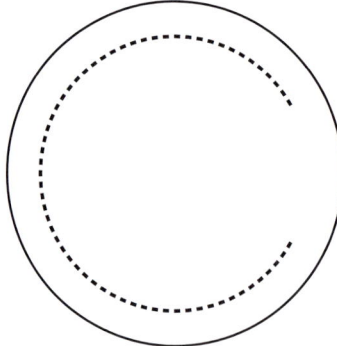

3 Die Nahtzugaben, wie auf der Zeichnung zu sehen, bis dicht an die Naht einschneiden, dabei die Wendeöffnung aussparen. Das Teil durch die Wendeöffnung wenden und gut ausformen.

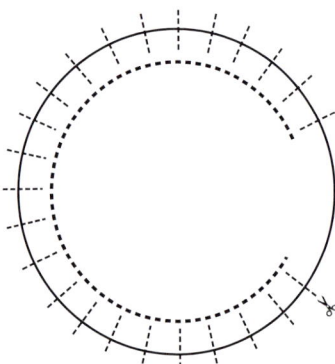

4 An der Wendeöffnung die Nahtzugaben nach innen klappen und dann die Außenkanten – besonders an der Wendeöffnung – gut in Form bügeln.

5 Alles rundherum knappkantig absteppen und dabei die Wendeöffnung schließen.

Mein Tipp für dich

Zum Ausformen die Naht zwischen Daumen- und Zeigefinger hin- und herrollen.

Schrägband für runde oder ovale MugRugs selbst herstellen

Schrägband kann man in vielen Varianten bereits fertig kaufen. Möchtest du kein gekauftes Schrägband verwenden, kannst du es auch selbst herstellen und an dein Projekt individuell anpassen. Die hier angegebenen Maße passen zum 18 mm-**Schrägbandformer**. Um eine Rundung schön einzufassen, muss der Stoff ein wenig nachgeben. Das gelingt, wenn eigentlich nicht dehnbare Webware diagonal zum Fadenlauf zugeschnitten wird. Aus dem Stoff deiner Wahl schneidest du dafür im 45°-Winkel zum Fadenlauf 3,6 cm breite Streifen zu. Für die MugRugs reicht – bei einem Durchmesser von 12–20 cm – ein Streifen in 45 cm – 70 cm Länge. Sollte dein Stoffstück kleiner sein und nicht ganz ausreichen, können auch mehrere Streifen aneinandergenäht werden.

Anfang und Ende des Stoffstreifens werden im 45°-Winkel abgeschnitten.

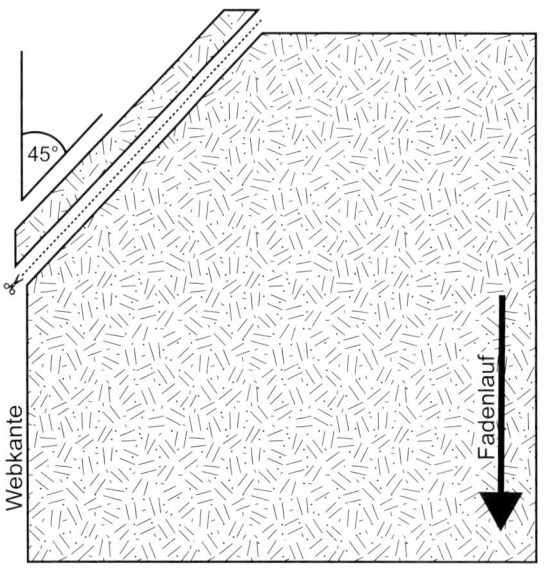

Den Streifen für das Schrägband führst du nun mittig in die große Öffnung des Schrägbandformers ein und schiebst ihn so weit durch, bis eine Spitze aus dem kleinen Eck gefaltet herausschaut. Hier setzt du nun mit dem Bügeleisen an und bügelst die gefaltete Seite schön mit Dampf fest, während du den Schrägbandformer gleichmäßig weiterziehst, bis der gesamte Streifen durchgelaufen ist. Lass das Schrägband anschließend gut auskühlen.

Aber auch **ohne Schrägbandformer** kannst du die Streifen in Form bügeln:

1 Den Stoffstreifen der Länge nach einmal in der Mitte links auf links falten und bügeln.

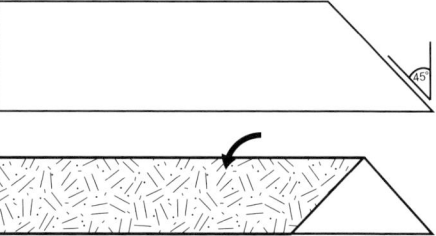

2 Wieder auffalten und jetzt die langen Kanten eine nach der anderen bis zu der Mittelfalte links auf links legen und ebenfalls bügeln. Zum Schluss den Streifen wieder entlang der Mittelfalte zusammenklappen, der Stoff liegt jetzt vierfach. Gut bügeln und anschließend auskühlen lassen.

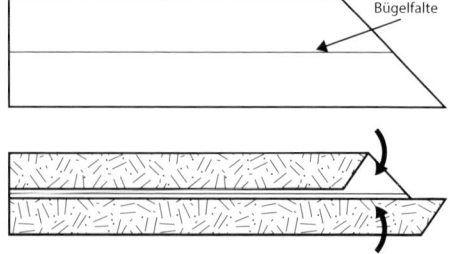

Binding vorbereiten Knötchenstich

Binding ist die englische Bezeichnung für eine Einfassung der geraden Außenkanten eines Quilt. Auch den MugRugs gibt diese Einfassung optisch einen schönen Rahmen. Für ein Binding wird ein doppelt gelegter Stoffstreifen an der Außenkante angenäht. Das fertige Binding soll hier 1 cm breit sein, dafür wird ein 6,5 cm breiter Streifen benötigt. Die Länge des Streifens ergibt sich aus der Summe aller Seitenkanten plus mehrerer Zentimeter als Puffer.

1 Eine kurze Seite des Streifens im 45°-Winkel abschrägen.

2 Dann die abgeschrägte Seite 1 cm breit auf die Innenseite umklappen und bügeln.

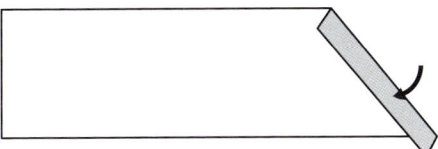

3 Den Stoffstreifen der Länge nach einmal in der Mitte links auf links falten und ebenfalls bügeln. Jetzt ist dein Bindingstreifen einsatzbereit. Die abgeschrägte Seite mit der umgebügelten Kante wird beim Ansetzen des Bindings als Erstes festgesteckt.

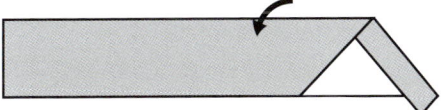

Nadel mit zweifädigem Stickgarn von unten nach oben durch den Stoff stechen, das Stickgarn 2x von vorne nach hinten um die Nadel wickeln, dicht neben der Ausstichstelle wieder einstechen (noch nicht durchziehen), die Wicklungen anziehen, sodass das Knötchen die gewünschte Größe erhält, und an den Stoff schieben. Mit dem Daumen der linken Hand die Wicklungen festhalten. Dann die Nadel vorsichtig nach unten durchziehen und dabei die Spannung mit der anderen Hand aufrechterhalten.

Rundes MugRug mit Schrägband

Grundanleitung: Einfassung von Rundungen

GRÖSSE

ø 12 cm

MATERIAL

- Stoff in Rot mit Punkten für die Oberseite, 15 cm x 15 cm
- gestreifter Stoff in Schwarz/Weiß für die Unterseite, 15 cm x 15 cm
- Thermolam-Vlies, 15 cm x 15 cm
- fertiges Schrägband, 45 cm, oder ein Stoffstück, 35 cm x 35 cm
- Bügeleisen
- farblich passendes Nähgarn

ZUSCHNITT

STOFF FÜR OBER- UND UNTERSEITE SOWIE VLIES:

je 1x Kreis, ø 13,5 cm

STOFFSTÜCK FÜR SCHRÄGBAND:

1 Streifen à 45 cm x 3,6 cm, diagonal zum Fadenlauf zugeschnitten (siehe Seite 6)

NAHTZUGABE

Die Schnittteile enthalten eine Nahtzugabe von 0,75 cm.

SCHNITTMUSTERBOGEN

Bogen 2A

1 Die Stoffteile für Ober- und Unterseite links auf links aufeinanderlegen und das Vlies in die Mitte dazwischen. Alles mit Klammern oder Stecknadeln fixieren, damit nichts verrutschen kann.

2 Jetzt werden alle 3 Lagen durch Quilten miteinander verbunden. Dafür setzt du über die gesamte Fläche verteilt mehrere Nähte im selben Abstand, also parallel zueinander, siehe auch „So wird's gemacht". Damit die Quiltnähte schön gleichmäßig werden, beginne in der Mitte und arbeite dich Naht für Naht an beiden Seiten nach außen vor.

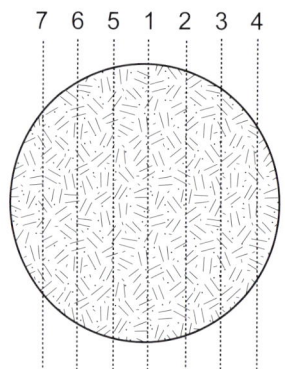

3 Für einen schönen Abschluss wird die Außenkante diesmal mit Schrägband eingefasst: das Schrägband aufklappen, an einer kurzen Seite den Anfang ca. 1 cm breit nach links einschlagen und dann das

Schrägband rundherum rechts auf rechts entlang der Außenkante auf der Rückseite des MugRugs mit ein paar Stecknadeln oder Clips feststecken. Das Ende des Schrägbandes sollte den Anfang etwas überlappen, damit es nachher gut im Inneren verschwinden kann.

4 Das Schrägband entlang der Außenkante mit einer Stichlänge von max. 2–2,5 annähen. Hier kann man sich gut an der ersten Bügelfalte des Schrägbandes orientieren und knapp daneben (Richtung Außenkante) nähen.

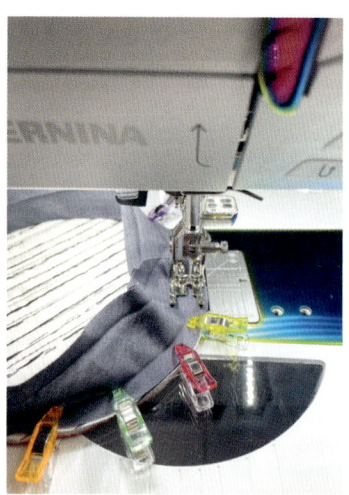

5 Als Nächstes das Schrägband auf die Oberseite klappen und gut feststecken, die Mitte des Schrägbandes sollte nun die Außenkante des MugRugs bilden.

6 Von der Oberseite aus das Schrägband knappkantig festnähen. Die Naht am Ende nicht verriegeln, sondern den Faden auf die Rückseite ziehen und von Hand vernähen.

Mein Tipp für dich

Das Annähen des Schrägbands in der Runde erfordert etwas Übung. Wenn das Schrägband am Anfang/Ende nicht auf Anhieb perfekt sitzt, kannst du beispielsweise ein Label um die Kante legen und so festnähen, dass es das Bandende überdeckt. Das sieht gut aus und du kannst gleichzeitig noch eine kleine Botschaft anbringen.

Eckiges MugRug mit Binding

Klassische Quilteinfassung

GRÖSSE
13,5 cm x 13,5 cm

MATERIAL
- Stoff in Rot mit Punkten für die Oberseite, 15 cm x 15 cm
- Stoff in Beige für die Unterseite, 15 cm x 15 cm
- Streifenstoff für das Binding, 70 cm x 10 cm
- Thermolam-Vlies, 15 cm x 15 cm
- farblich passendes Nähgarn

ZUSCHNITT
STOFF FÜR OBER- UND UNTERSEITE SOWIE VLIES:
je 1 Quadrat à 13,5 cm x 13,5 cm

STOFF FÜR DAS BINDING:
1 Streifen à 70 cm x 6,5 cm

NAHTZUGABEN
Das Binding wird mit einer Nahtzugabe von 1 cm angenäht.

SCHNITTMUSTERBOGEN
Bogen 2A

1 Lege den Stoff für Ober- und Unterseite links auf links aufeinander und das Vlies in die Mitte dazwischen. Alles mit Klammern oder Stecknadeln fixieren, damit nichts verrutschen kann.

2 Jetzt werden alle 3 Lagen durch Quilten miteinander verbunden. Dafür setzt du über die gesamte Fläche verteilt immer im selben Abstand mehrere Nähte, also parallel zueinander, siehe auch „So wird's gemacht". Damit die Quiltnähte schön gleichmäßig werden, beginne in der Mitte und arbeite dich Naht für Naht an beiden Seiten nach außen vor.

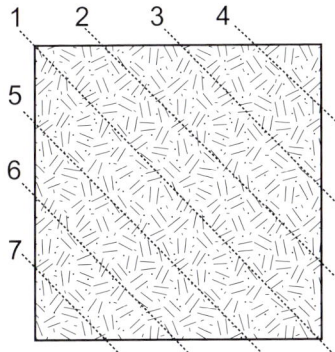

3 Diesmal wird die Außenkante mit einem Binding eingefasst. Den Streifen für das Binding vorbereiten, wie auf Seite 7 beschrieben.

4 Den zur Hälfte gefalteten Bindingstreifen entlang der Außenkante auf der Rückseite des MugRugs mit ein paar Stecknadeln oder Clips feststecken, dabei mit der umgebügelten kurzen Kante des Streifens beginnen. Die offene Seite des Bindings zeigt dabei zur Außenkante, die gebügelte Mittelkante zeigt nach innen.

5 Das erste Stückchen des Bindings bleibt erstmal noch lose und die Naht beginnt ca. 2–3 cm hinter dem abgeschrägten Anfang des Bindingstreifens. Dann entlang der Außenkante mit 1 cm Nahtzugabe und einer Stichlänge von ca. 3 nähen.

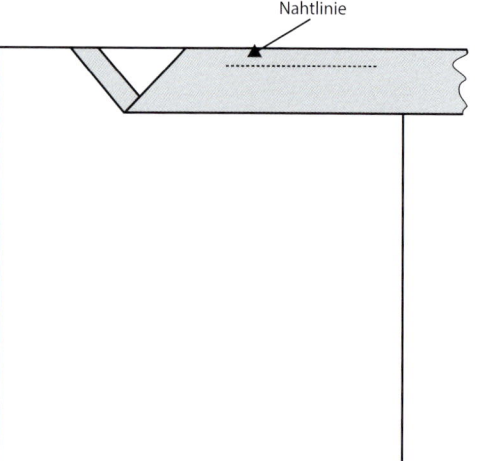

Nahtlinie

6 Beende die Naht 1 cm vor der Kante der Stoffquadrate und verriegele sie. Den Bindingstreifen im 90°-Winkel nach oben umlegen – Binding und MugRug bilden eine lange Gerade – und den Falz gut glattstreichen.

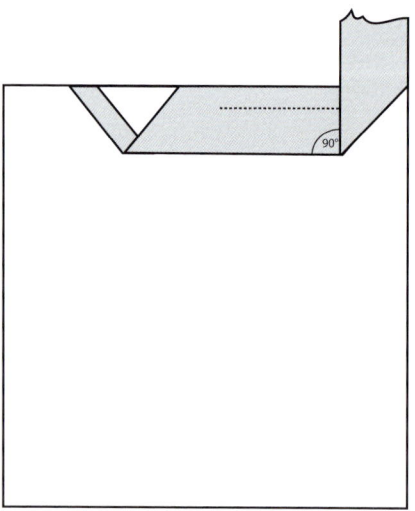

7 Dann das Binding genau entlang der Kante der Quadrate gerade von oben nach unten klappen, sodass die Außenkanten von Binding und MugRug wieder genau aufeinanderliegen. Du beginnst mit der Naht wieder mit einem Abstand von 1 cm von der oberen Kante und endest 1 cm vor der nächsten Ecke.

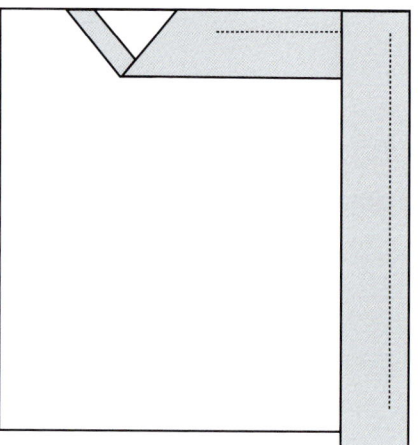

8 Schritt 6-7 an den anderen Seiten wiederholen, bis du wieder auf der Seite mit dem Binding-Anfang ankommst.

9 An der letzten Ecke wird der Streifen ebenso gelegt, wie an den Ecken zuvor. Dann müssen nur noch Anfang und Ende miteinander verbunden werden. Das gerade Ende des Bindings wird in die Schräge des Anfangs gesteckt. Dafür sollte der Bindingstreifen bis zum Nahtbeginn vom Start reichen. Ist der Bindingstreifen länger, kann er jetzt passend zurückgeschnitten werden. Das Binding-Ende nun sorgfältig in die Schräge vom Anfang schieben, sodass es wie in einer Tasche verschwindet, und alles mit Nadeln oder Klammern fixieren.

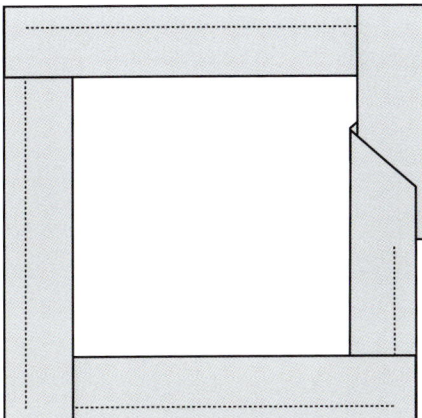

10 Jetzt die letzte Naht von der Ecke bis zum Anfang der 1. Naht nähen und so Anfang und Ende miteinander verbinden.

11 Nun das Binding entlang der Naht auf die Oberseite klappen, die Ecken gut ausformen, sodass der Streifen eine Falte bildet, die diagonal zur Ecke zeigt, und alles feststecken. Da, wo sich Anfang und Ende überlappen, vorsichtig vorgehen, damit die beiden Teile hier nicht auseinanderrutschen, denn bisher sind sie nur auf der unteren Seite verbunden.

12 Von der Oberseite aus das Binding nun knappkantig festnähen. Die Naht am Ende nicht verriegeln, sondern den Faden auf die Unterseite ziehen und von Hand vernähen.

Mein Tipp für dich

Für eine nahezu unsichtbare Naht Schritt 12 durch eine Hand-Naht mit dem Staffierstich ersetzen.

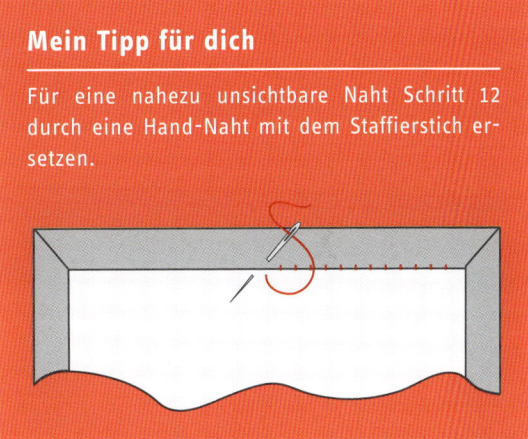

Blumengruß

Rundes MugRug mit Blumenapplikation

GRÖSSE
ø 12 cm

MATERIAL FÜR EIN MUGRUG
- Stoff A in Graubraun für die
  Ober- und Unterseite,
  30 cm x 15 cm
- Stoff B für die Blütenblätter,
  10 cm x 10 cm
- Stoff C in Grün für 1–2 oder
  4 grüne Blätter, 10 cm x 10 cm
  oder 15 cm x 10 cm
- Thermolam-Vlies, 15 cm x 15 cm
- Vliesofix, 10 cm x 20 cm
- farblich passendes Nähgarn
- farblich passendes Garn zum
  Applizieren

ZUSCHNITT
STOFF A:
2x Kreis, ø 13,5 cm
VLIES:
1x Kreis, ø 13,5 cm
STOFF B:
2–3 Blütenblätter
STOFF C:
1–4 grüne Blätter

NAHTZUGABEN
Die Schnittteile enthalten eine
Nahtzugabe von 0,75 cm.

Die Applikationsvorlagen enthalten/
benötigen keine Nahtzugabe.

SCHNITTMUSTERBOGEN
Bogen 2A

1 Die Blütenblätter mit Vliesofix applizieren, siehe „So wird's gemacht". Beginne mit dem unteren Blütenblatt und ergänze dann die weiteren Blütenblätter. Beim Mug-Rug mit den 4 grünen Blättern, werden diese wie die Blütenblätter appliziert und Schritt 2 entfällt.

2 Ist die Blüte fertig, wird mit dem grünen Garn zunächst der Blütenstengel aufgenäht, in dem du mit dem Dreifach-Geradstich eine Linie von der Blüte bis zum Ende des Oberseitenstoffes nähst. Danach werden die grünen Blätter appliziert.

3 Den Stoff für Ober- und Unterseite rechts auf rechts aufeinanderlegen, das Vlies obendrauf legen und alles mit Klammern oder Stecknadeln fixieren.

4 Rundherum zusammennähen, dabei an einer Stelle eine Wendeöffnung lassen. Anfang und Ende der Naht verriegeln.

5 Die Nahtzugabe in kurzen Abständen bis dicht an die Naht einschneiden, dabei die Wendeöffnung aussparen. Das Teil durch die Wendeöffnung wenden und die Kante gut ausformen.

6 An der Wendeöffnung die Nahtzugabe nach innen klappen und dann die Außenkanten – insbesondere an der Wendeöffnung – gut in Form bügeln.

7 Alles rundherum knappkantig absteppen und dabei die Wendeöffnung schließen.

Mein Tipp für dich

Du kannst auch mehrere Blätter gleichzeitig aufbügeln und dann nur die noch sichtbaren Schnittkanten der Blätter umnähen, dadurch vermeidest du dort, wo sich die Kanten mehrerer Blätter treffen, dicke Nahtstellen.

Geisterstunde

Knuddelige Geister – nicht nur zu Halloween

GRÖSSE
13 cm x 16 cm bzw. 15 cm x 17 cm

MATERIAL
(FÜR EINEN GEIST)
- Stoff in Weiß für die Ober- und Unterseite, 30 cm x 20 cm
- Stoff in Schwarz für die Augen, 5 cm x 5 cm
- Thermolam-Vlies, 15 cm x 20 cm
- Rest Vliesofix, 5 cm x 5 cm, oder Klebestift
- farblich passendes Nähgarn
- Garn in Schwarz zum Applizieren der Augen
- optional: Zackenschere

ZUSCHNITT
STOFF IN WEISS:
2x Geist (gegengleich)

VLIES:
1x Geist

STOFF IN SCHWARZ:
2x Auge

1x Mund

NAHTZUGABEN
Die Schnittteile enthalten eine Nahtzugabe von 0,75 cm.

SCHNITTMUSTERBOGEN
Bogen 1A

1 Augen und, je nach Modell, auch den Mund mit Vliesofix applizieren, siehe „So wird's gemacht". Kein Vliesofix zur Hand? Du kannst die Augen auch aus dem Stoff ausschneiden und mithilfe eines Textil-Klebestifts auf dem Oberstoff fixieren, das ist aber nicht so stabil.

2 Die Unterseite des Geistes mit der linken Seite nach oben hinlegen, darauf das Vlies platzieren und darauf noch die Oberseite (= Geist mit Augen) mit der rechten Seite nach oben legen. Alles mit Stecknadeln oder Klammern fixieren.

3 Jetzt werden alle drei Teile entlang der Außenkante mit einer Nahtzugabe von 0,75 cm zusammengenäht.

4 Wenn du möchtest, kannst du die Nahtzugabe rundherum noch mit einer Zackenschere bearbeiten, dann sehen die Geister noch flatteriger aus.

Mein Tipp für dich

Mit fluoreszierendem Garn zusammengenäht oder mit fluoreszierender Stofffarbe bemalt werden die Geister auch im schummrigen Licht noch lustig schimmern.

Kleine Auszeit

MugRug mit Täschchen

GRÖSSE
12 cm x 18 cm

MATERIAL
- Stoff mit Strichmuster in Dunkelblau für die Oberseite, 15 cm x 20 cm
- Stoff in Beige für die Unterseite, 15 cm x 20 cm
- Stoff mit Kreuzmuster in Hellblau für das Täschchen, 15 cm x 15 cm
- Thermolam-Vlies, 15 cm x 20 cm
- farblich passendes Nähgarn

ZUSCHNITT
STOFF FÜR OBER- UND UNTERSEITE SOWIE VLIES:
je 1 Rechteck
à 13,5 cm x 19,5 cm

STOFF FÜR DAS TÄSCHCHEN:
1 Rechteck à 13,5 cm x 12 cm

NAHTZUGABEN
Die Schnittteile enthalten eine Nahtzugabe von 0,75 cm.

SCHNITTMUSTER-BOGEN
Bogen 2A

1 Zuerst wird das Täschchen vorbereitet. Dafür den Stoff links auf links zur Hälfte falten (= 6,75 cm x 12 cm) und die offenen Kanten zusammennähen, dabei an der langen Seite eine Wendeöffnung lassen. Anfang und Ende der Naht gut verriegeln.

2 Die Nahtzugaben an den Ecken schräg abschneiden. Das Teil durch die Wendeöffnung wenden und gut ausformen.

3 An der Wendeöffnung die Nahtzugabe nach innen einklappen und dann die Kanten – insbesondere an der Wendeöffnung – gut in Form bügeln.

4 Jetzt werden die kurzen Seitenkanten 2 cm nach innen gefaltet und dann die äußeren Kanten 1 cm breit wieder zurück, sodass die Seitenkanten an den Faltkanten liegen. Die Falzkanten kurz bügeln.

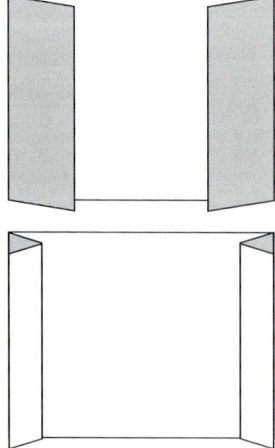

5 Anschließend wird das Täschchen auf den Oberseitenstoff genäht. Auf einer Seite soll Platz für die Tasse sein, auf die andere kommt das Täschchen mit Platz für einen Teebeutel oder ein Plätzchen. Auf dem Schnittteil findest du eine Markierung für eine mögliche Platzierung. Fixiere das Täschchen mit ein paar Stecknadeln, sodass die Seite mit der Wendeöffnung die Unterkante des Täschchens ist.

6 An den kurzen Seitenkanten jeweils den oberen Falz zur Seite klappen und nur die untere Kante knappkantig auf dem Oberseitenstoff festnähen.

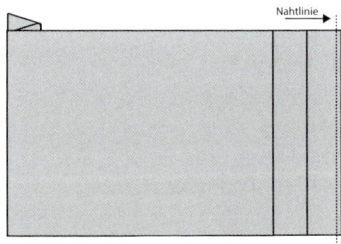

Nahtlinie

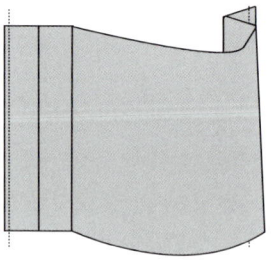

7 Die Falze wieder zurück auf die gerade festgenähten Seitenkanten legen und feststecken. Dann die untere Kante des Täschchens annähen, dabei wird jeweils die Falte an den Seitenkanten fixiert und auch die Wendeöffnung geschlossen.

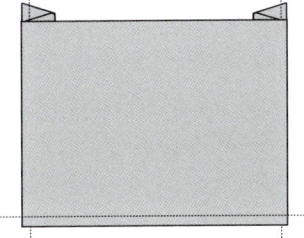

8 Die fertige Oberseite kann nun wie in einer der Grundanleitungen auf Seite 2 oder 10 beschrieben weiterverarbeitet werden.

Mein Tipp für dich

Du kannst die Platzierung des Täschchens frei wählen, berücksichtige dabei nur die weitere Verarbeitung, wie z. B. die Nahtzugaben oder die abschließende Einfassung, solltest du mit Schrägband/Binding arbeiten.

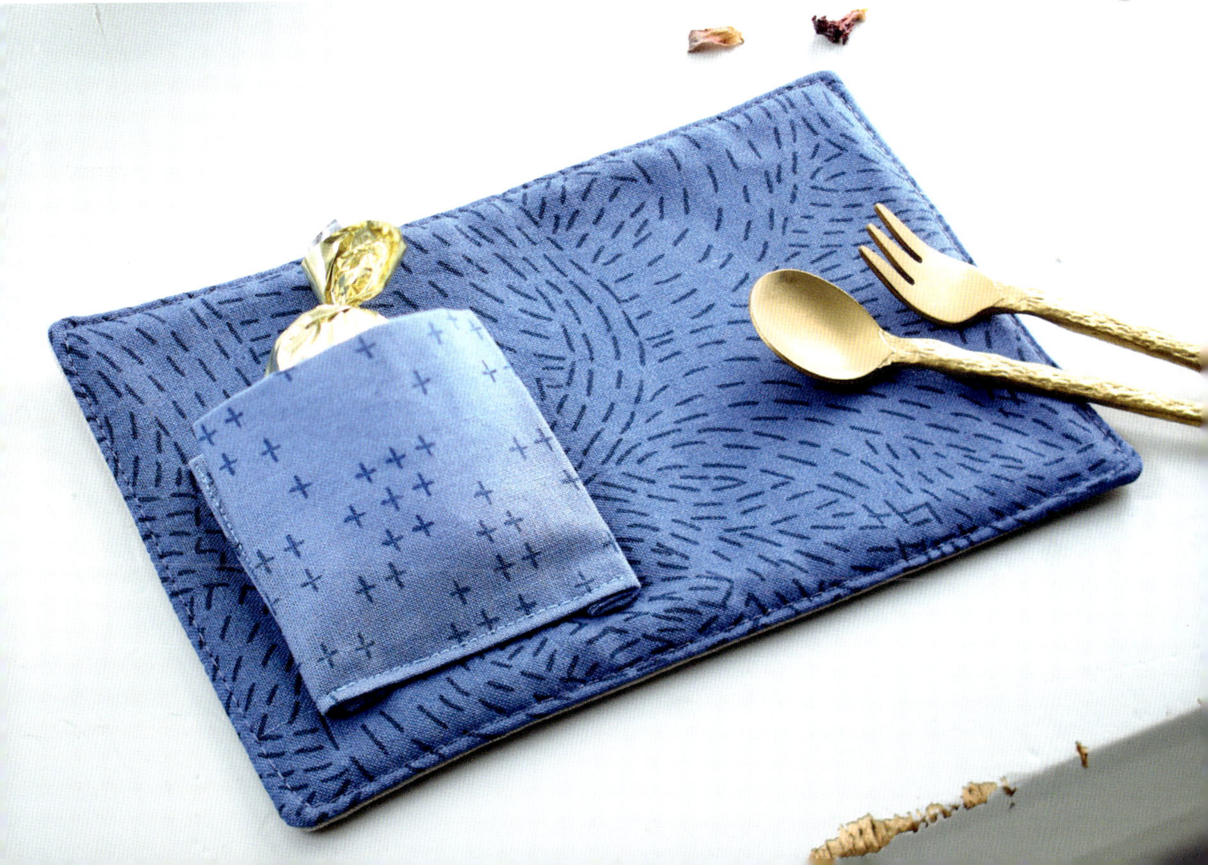

Farbenfrohe Streifen

Klassisches Patchwork

GRÖSSE
15 cm x 15 cm

MATERIAL
- 8 Stoffe in verschiedenen Farben für die Oberseite, je 5 cm x 25 cm
- Stoff für die Unterseite, 20 cm x 20 cm
- Thermolam-Vlies, 20 cm x 20 cm
- farblich passendes Nähgarn
- Garn in Schwarz zum Absteppen
- Label zum Einnähen

ZUSCHNITT
STOFFE FÜR DIE OBERSEITE:
je 1 Streifen à 3,5 cm x 20 cm

STOFF FÜR DIE UNTERSEITE
UND VLIES:
je 1 Quadrat à 16,5 cm x 16,5 cm

NAHTZUGABEN
Alle Zuschnitte enthalten bereits eine Nahtzugabe von 0,75 cm.

SCHNITTMUSTERBOGEN
Bogen 2B

1 Die Stoffstreifen für die Oberseite in gewünschter Farbfolge rechts auf rechts an den langen Kanten zusammennähen.

2 Die Nahtzugaben auseinanderbügeln, damit alles schön flach liegt.

3 Jetzt die Schablone auf die fertig gepatchte Oberseite legen, schön ausmitteln, sodass die äußeren Streifen ungefähr gleichmäßig breit zu sehen sind, und das Teil auf die Größe der Schablone (16,5 cm x 16,5 cm) zuschneiden.

4 Nun den Stoff für die Unterseite rechts auf rechts auf die Oberseite legen und das Vlies darüber. Alles soll bündig übereinanderliegen.

5 Die Stofflagen rundherum zusammennähen, dabei an einer Seite eine Wendeöffnung lassen. Anfang und Ende der Naht gut verriegeln.

6 Die Nahtzugaben an den Ecken schräg abschneiden. Das Teil durch die Wendeöffnung wenden und gut ausformen.

7 An der Wendeöffnung die Nahtzugabe nach innen einklappen und dann die Kanten – besonders an der Wendeöffnung – gut in Form bügeln. In die Wendeöffnung das Label einschieben, das MugRug rundherum absteppen und dabei die Wendeöffnung schließen und das Label fixieren.

Mein Tipp für dich

Für die Streifen kann man gut auch verschiedene Stoffreste in unterschiedlichen Breiten verwenden und sie einfach nach Lust und Laune zusammennähen.

Streifenparty

Mit der Quilt-As-You-Go-Technik

GRÖSSE
15 cm x 15 cm

MATERIAL
- Stoffe in verschiedenen Farben für die Oberseite, je
  10 cm x 20 cm
- Stoff für die Unterseite,
  20 cm x 20 cm
- Thermolam-Vlies, 20 cm x 20 cm
- farblich passendes Nähgarn

ZUSCHNITT
STOFFE FÜR DIE OBERSEITE:
je 1 Streifen à 5 cm x 18 cm

STOFF FÜR DIE UNTERSEITE:
1 Quadrat à 16,5 cm x 16,5 cm

VLIES:
1 Quadrat à 18 cm x 18 cm

NAHTZUGABEN
Alle Zuschnitte enthalten bereits eine Nahtzugabe von 0,75 cm.

SCHNITTMUSTERBOGEN
Bogen 2B

1 Bei diesem MugRug wird zuerst die Oberseite aus Vlies und Stoffstreifen zusammengenäht. Platziere den ersten Streifen mit der rechten Stoffseite nach oben bündig an einer Vlieskante. Damit nichts verrutscht, kannst du den Stoff auch mit ein paar Punkten eines Klebestifts fixieren. Lege den 2. Streifen rechts auf rechts auf den ersten Streifen.

2 Die Stoffstreifen der Länge nach auf dem Vlies mit einer Nahtzugabe von 0,75 cm festnähen.

3 Den oberen Stoffstreifen entlang der Naht aufklappen, sodass die rechte Seite zu sehen ist, und die Naht mit dem Finger glattstreichen. Nun wird diese Naht direkt auf der Oberseite knappkantig abgesteppt.

4 Den nächsten Streifen Stoff wieder rechts auf rechts auf den zuletzt genähten Streifen legen, annähen, aufklappen und die Naht gut glattstreichen, im Anschluss wieder von der rechten Seite absteppen.

5 Schritt 4 für alle noch verbliebenen Stoffstreifen wiederholen, bis das Vlies vollständig bedeckt ist.

6 Jetzt die Schablone auf die fertig gepatchte Oberseite legen, schön ausmitteln und die Oberseite auf die Größe der Schablone
(16,5 cm x 16,5 cm) zuschneiden.

7 Den Stoff für die Unterseite rechts auf rechts auf die Oberseite legen.

8 Rundherum zusammennähen, dabei an einer Seite eine Wendeöffnung lassen. Anfang und Ende der Naht gut verriegeln.

9 Die Nahtzugaben an den Ecken schräg abschneiden. Das Teil durch die Wendeöffnung wenden und gut ausformen.

10 An der Wendeöffnung die Nahtzugabe nach innen einklappen und dann die Kanten – besonders an der Wendeöffnung – schön in Form bügeln. Das MugRug rundherum absteppen und dabei die Wendeöffnung schließen.

11 Auch hier kannst du mit einem Label wieder einen kleinen Akzent setzen oder eine Botschaft hinterlassen.

Quadrate zum Quadrat

Schnell und einfach Quadrate nähen

1 Die Stoffstreifen für die Oberseite, abwechselnd in Schwarz und Weiß, an den langen Kanten rechts auf rechts aneinandernähen.

2 Alle Nahtzugaben auf der Rückseite in eine Richtung bügeln. Das macht es leichter, die Streifen akkurat zu Quadraten zusammenzunähen.

3 Jetzt schneidest du die gerade zusammengenähten Streifen erneut zu Streifen von je 4,5 cm Breite, sodass kleine Rechtecke in Reihe entstehen.

4 Als Nächstes nun die Streifen so rechts auf rechts aufeinandernähen, dass immer entgegengesetzte Farben nebeneinanderliegen. Die Nahtzugaben sollten an den Kreuzungspunkten, wenn du Schritt 2 befolgt hast, automatisch immer in entgegengesetzte Richtungen zeigen. Dadurch lassen sich die Nähte sehr präzise aufeinander platzieren, fast als würden sie „einrasten", und die Ecken der Quadrate treffen später schön aufeinander.

5 Sind alle Streifen zusammengenäht, die Nahtzugaben wieder flach in eine Richtung bügeln.

6 Jetzt die Schablone auf die fertig gepatchte Oberseite legen, schön ausmitteln und das Teil auf die Größe der Schablone (16,5 cm x 16,5 cm) zuschneiden.

7 Den Stoff für die Unterseite rechts auf rechts auf die Oberseite und das Vlies darüberlegen. Alles soll bündig übereinanderliegen.

8 Die Lagen rundherum zusammennähen, dabei an einer Seite eine Wendeöffnung lassen. Anfang und Ende der Naht gut verriegeln.

9 Die Nahtzugabe an den Ecken schräg abschneiden. Das Teil durch die Wendeöffnung wenden und gut ausformen.

10 An der Wendeöffnung die Nahtzugabe nach innen einklappen und dann die Kanten – besonders an der Wendeöffnung – gut in Form bügeln. Das MugRug rundherum absteppen und dabei die Wendeöffnung schließen.

Mein Tipp für dich

Wer es weniger geometrisch mag, die kleinen Quadrate wirken auch toll in Kunterbunt oder aus kleinen Resten deiner gemusterten Lieblingsstoffe.

Foundation Paper Piecing – FPP

Grundanleitung

Foundation Paper Piecing ist ein wenig wie „Malen nach Zahlen" mit Stoff. Das Muster bzw. ein sogenannter „Block" entsteht, indem man in einer vorgegebenen Reihenfolge Stoffstücke auf einer Papiervorlage aneinandernäht. Dafür muss der Stoff noch nicht genau zugeschnitten werden, die jeweiligen Stoffstücke müssen lediglich immer so groß sein, dass sie das entsprechende Feld vollständig bedecken und rundherum eine Nahtzugabe beinhalten. Da FPP aus Großbritannien stammt, werden die Nahtzugaben bei den meisten verfügbaren Vorlagen in Inch angegeben. Auch hier im Buch ist die verwendete Nahtzugabe 1/4", das entspricht 0,64 cm. Während des Nähens liegt das Papier mit den Zahlen und Linien oben, damit man auf den Linien nähen kann. Auf der Unterseite des Papiers entsteht das Stoffbild/Muster, daher ist es nach Fertigstellung seitenverkehrt zur Vorlage. Bei FPP werden immer nur gerade Linien genäht. Ist das Muster bzw. der Block fertig genäht – d.h. sind alle Felder mit Stoff bedeckt und gegebenenfalls mehrere Schnittteile kombiniert – wird das Papier entfernt und zurück bleibt das fertige Motiv. Mit dieser Technik sind großartige Muster möglich und auch kleine Details können sehr akkurat genäht werden.

MATERIAL
- Stoffstücke
- ausgedruckte Papiervorlage
- Textil-Klebestift
- Rollschneider, Patchwork-Lineal und Schneidematte (Du musst Dir nicht extra ein Lineal mit Inch-Einteilung kaufen, wenn du schon eins mit cm-Einteilung hast. Dann kannst du innerhalb des Motivs mit Nahtzugaben von 0,5 cm oder 0,75 cm arbeiten und nur an den äußeren Kanten die eingezeichnete Nahtzugabe von ¼-Inch verwenden.)

Hinweis: Für alle FPP-Designs findest du in der TOPP Digitalen Bibliothek (siehe hintere Umschlagklappe) die Vorlagen zum Ausdrucken, Planen und Loslegen.

1 Falte zunächst das Papier entlang aller Nahtlinien mithilfe eines Lineals. Diese Knicke helfen später, die Stoffe exakt anzulegen.

2 Gestartet wird bei Feld 1: Schneide ein Stück Stoff zu, das Feld 1 bedeckt und rundum mindestens noch die erforderliche Nahzugabe aufweist. Am Anfang ist es leichter, die Stücke etwas großzügiger zuzuschneiden.

Wichtig: Die Nahtzugabe ist nur entlang der Außenkante der Schnittteile eingezeichnet, die Nahtzugaben der einzelnen Felder des Motivs oder Musters sind **nicht** eingezeichnet. D.h. du musst dir angewöhnen, um jedes Feld genügend Stoff für die Nahtzugabe stehen zu lassen. Zurechtgeschnitten wird immer erst, nachdem eine Naht genäht wurde.

Das erste Stück Stoff wird mit der linken Stoffseite auf die nicht bedruckte Seite des Papiers geklebt, sodass es Feld 1 bedeckt und rundherum mindestens die Nahtzugabe übersteht. Ein kleiner Punkt Klebstoff reicht in der Regel aus.

3 Jetzt wird das Papier so auf den Tisch gelegt, dass die bedruckte Seite zu sehen ist und der Stoff mit der rechten Seite nach unten auf dem Tisch liegt.

4 Klappe das Papier entlang der Nahtlinie zu Feld 2 zurück, jetzt sollte mindestens die Nahtzugabe des Stoffes von Feld 1 zu sehen sein. Ist das Stück Stoff noch etwas größer, die Nahtzugabe auf ¼-Inch zurückschneiden.

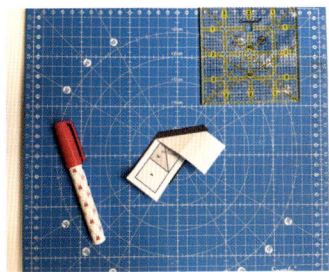

5 Lege nun das Stück Stoff für Feld 2 rechts auf rechts und Schnittkante an Schnittkante auf den Stoff für Feld 1. Das Papier wieder zurückklappen und alles gut festhalten oder mit einer Nadel bzw. Klammer fixieren.

6 Alles unter den Nähmaschinenfuß legen und mit einer kurzen Stichlänge von 1,8 auf der Linie zwischen Feld 1 und 2 entlangnähen.

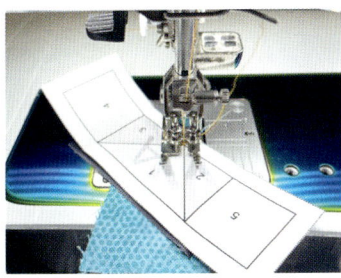

7 Es wird immer nur genau auf der Linie genäht, vom Anfang bis zum Endpunkt. Die Naht wird an beiden Enden verriegelt und die Fäden kurz abgeschnitten.

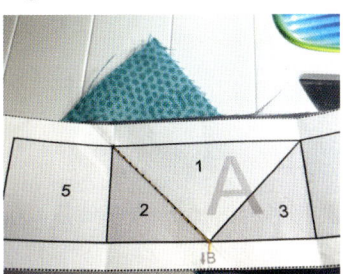

8 Jetzt wird der Stoff entlang der Naht aufgeklappt und kontrolliert, ob das gesamte Feld bedeckt ist.

9 Passt alles, kann die Nahtzugabe auf ¼" (≈ 0,6 cm) zurückgeschnitten und die Naht zu einer Seite gebügelt werden.

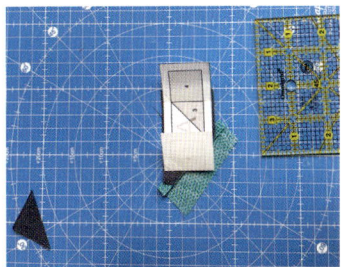

10 Die Schritte 3–9 für jedes Feld wiederholen.

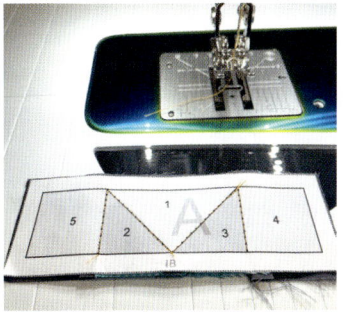

9 Besteht das Motiv aus mehreren Schnittteilen, werden erst alle einzelnen Schnittteile fertig genäht und anschließend zusammengesetzt, ohne das Papier zu entfernen.

10 Erst wenn alles komplett zusammengenäht ist, wird zu guter Letzt das Papier entfernt.

Crazy LogCabin

Einstieg in Foundation Paper Piecing

MOTIVGRÖSSE
16,5 cm x 16,5 cm

MATERIAL
- Stoff in Gelb, 5 cm x 5 cm
- Stoff in Lila, 20 cm x 20 cm
- Stoff in Türkis, 25 cm x 25 cm
- Stoff in Blau, 30 cm x 30 cm
- Stoff für die Unterseite,
  20 cm x 20 cm
- Thermolam-Vlies, 20 cm x 20 cm
- farblich passendes Nähgarn
- Lineal
- Textil-Klebestift

ZUSCHNITT
Der Zuschnitt erfolgt während des Nähens.

NAHTZUGABE
Die Nahtzugabe beträgt ¼" (≈0,6 cm).

SCHNITTMUSTERBOGEN
Bogen 1A

Das Schnittmuster gibt es auch als Download in der DigiBib, siehe hintere Umschlag-Innenseite.

Hinweis: Eine detaillierte Anleitung für FPP mit Schrittbildern gibt es auf Seite 26/27.

1 Das Schnittmusterteil ausdrucken und an der gestrichelten Linie ausschneiden.

2 Das gelbe Stoffquadrat auf Feld 1 (mit der linken Seite auf der Unterseite des Papiers) mit dem Klebestift mittig fixieren, sodass rundherum die Nahtzugabe von ca. ¼" (≈0,6 cm) übersteht.

3 Für die Felder 2–5 den Stoff in Lila verwenden. Das Papier an der Linie zu Feld 2 zurückklappen und den Stoff rechts auf rechts an der Stoffkante des gelben Stoffes anlegen. Kurz fixieren, festnähen und dann in Richtung Feld 2 aufklappen und bügeln.

4 Schritt 3 für alle weiteren Felder entsprechend der Nummerierung wiederholen, bis das Schnittteil vollständig ausgefüllt ist. Für die Felder 6–9 verwendest du Stoff in Türkis und für die Felder 10–13 den blauen Stoff.

5 Das Papier auf der Rückseite vorsichtig entfernen und die Nahtzugaben flach bügeln.

6 Jetzt kann das fertige Motiv als Oberseite für ein quadratisches MugRug weiterverarbeitet werden. Eine Beschreibung hierzu findest du auf den Seiten 2 und 10 und die Schablone auf Bogen 2B.

Mein Tipp für dich

Durch das Spielen mit Farben oder Mustern kannst du hier großartige optische Effekte erzielen. Versuche es doch mal mit Farbabstufungen einer Farbe.

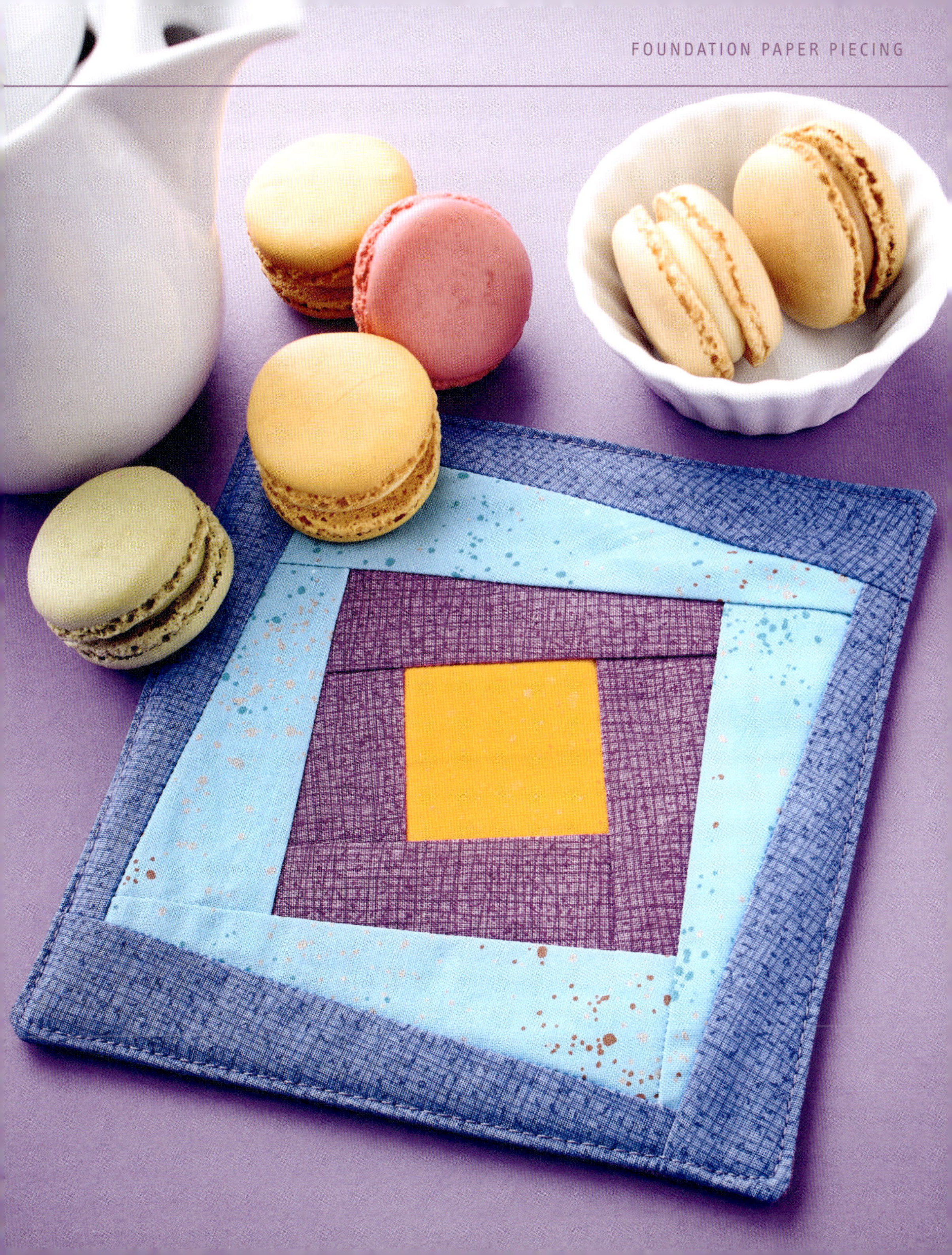

Foto-Finish

FPP – MugRug mit Polaroid Bilderrahmen

MOTIVGRÖSSE
16,5 cm x 16,5 cm

MATERIAL
- Motivstoff für das „Foto",
  10 cm x 10 cm
- Stoff in Weiß für den Rahmen,
  15 cm x 15 cm
- Stoff in Beige für den Hintergrund,
  20 cm x 20 cm
- Thermolam-Vlies, 20 cm x 20 cm
- Stoff für die Rückseite, 20 cm x 20 cm
- farblich passendes Nähgarn
- Lineal
- Textil-Klebestift

ZUSCHNITT
Der Zuschnitt erfolgt während des
Nähens.

NAHTZUGABE
Die Nahtzugabe beträgt ¼" (≈ 0,6 cm).

SCHNITTMUSTERBOGEN
Bogen 1A

Das Schnittmuster gibt es auch als
Download in der DigiBib, siehe hintere
Umschlag-Innenseite.

Hinweis: Eine detaillierte Anleitung für
FPP mit Schrittbildern gibt es auf
Seite 26/27.

1 Das Schnittmusterteil ausdrucken und an der gestrichelten Linie ausschneiden.

2 Auf Feld 1 den Motivstoff für das Foto mit dem Klebestift fixieren, sodass die linke Stoffseite auf der Unterseite des Papiers liegt. Um die Platzierung zu überprüfen, die Vorlage mit dem Stoff gegen das Licht halten und ausrichten.

3 Für Feld 2–5, also für den Polaroid-Rahmen, den weißen Stoff verwenden. Das Papier an der Linie zu Feld 2 zurückklappen und ein passendes Stück Stoff rechts auf rechts an der Stoffkante des vorigen Stoffes anlegen. Kurz fixieren, genau auf der Linie zwischen Feld 1 und 2 nähen und dann den Stoff in Richtung Feld 2 aufklappen und bügeln.

4 Schritt 3 für alle weiteren Felder entsprechend der Nummerierung wiederholen, bis Schnittteil A vollständig ausgefüllt ist. Für die Felder 6–9 den Stoff in Beige verwenden.

5 Das Papier auf der Rückseite vorsichtig entfernen und die Nahtzugaben flach bügeln.

6 Jetzt kann der „Bilderrahmen" als Oberseite für ein quadratisches MugRug weiterverarbeitet werden. Eine Beschreibung hierzu findest du auf den Seiten 2 und 10 und die Schablone auf Bogen 2B.

T(ee)-Bäumchen

FPP – MugRug mit Baum

MOTIVGRÖSSE
13,5 cm x 13,5 cm

MATERIAL
- Punktestoff in Grün für die Baum-krone, 15 cm x 15 cm
- Stoff in Braun für den Stamm, 5 cm x 5 cm
- Stoff in Blau für den Hintergrund, 15 cm x 15 cm
- Stoff für die Rückseite, 15 cm x 15 cm
- Thermolam-Vlies, 15 cm x 15 cm
- farblich passendes Nähgarn
- Lineal
- Textil-Klebestift

ZUSCHNITT
Der Zuschnitt erfolgt während des Nähens.

NAHTZUGABE
Die Nahtzugabe beträgt ¼" (≈ 0,6 cm).

SCHNITTMUSTERBOGEN
Bogen 1A

Das Schnittmuster gibt es auch als Download in der DigiBib, siehe hintere Umschlag-Innenseite.

Hinweis: Eine detaillierte Anleitung für FPP gibt es auf Seite 26/27.

1 Das Schnittmuster ausdrucken und an der gestrichelten Linie aus-schneiden.

2 Auf Feld 1 ein Stück braunen Stoff mit dem Klebestift fixieren, so-dass die linke Stoffseite auf der Un-terseite des Papiers liegt. Dies ist der Baumstamm.

3 Für die Felder 2 und 3 sowie 5 und 6 wird der blaue Stoff verwen-det. Das Papier an der Linie zu Feld 2 zurückklappen und ein pas-sendes Stück Stoff rechts auf rechts an der Stoffkante des vorigen Stoffes anlegen. Kurz fixieren, festnähen und dann in Richtung Feld 2 bügeln.

> ### Mein Tipp für dich
>
> Tipp: Für Weihnachten soll es ein Weihnachtsbäum-chen werden? Wie wäre es mit einem goldenen Stern auf der Baumspitze? Und mit Knötchenstichen kannst du kleine Weihnachtsbaum-kugeln aufsticken. Eine An-leitung für den Knötchen-stich gibt es auf Seite 7.

4 Schritt 3 für alle weiteren Felder entsprechend der Nummerierung wiederholen, bis das Schnittteil vollständig ausgefüllt ist, dabei für Feld 4 den Punktestoff verwenden.

5 Das Papier auf der Rückseite vorsichtig entfernen und die Naht-zugaben flach bügeln.

6 Jetzt kann das Bäumchen als Oberseite für ein quadratisches MugRug weiterverarbeitet werden. Eine Beschreibung hierzu findest du auf den Seiten 2 und 10 und als Schablone das Schnittteil auf Bogen 2A.

Sweetheart

FPP – MugRug mit Herz

MOTIVGRÖSSE
13,5 cm x 13,5 cm

MATERIAL
- Punktestoff in Grau für den Hintergrund, 15 cm x 15 cm
- Stoff in Rosa für das Herz, 15 cm x 15 cm
- Stoff für die Rückseite, 15 cm x 15 cm
- Thermolam-Vlies, 15 cm x 15 cm
- farblich passendes Nähgarn
- Lineal
- Textil-Klebestift

ZUSCHNITT
Der Zuschnitt erfolgt während des Nähens.

NAHTZUGABE
Die Nahtzugabe beträgt ¼"
(≈ 0,6 cm).

SCHNITTMUSTERBOGEN
Bogen 2A

Das Schnittmuster gibt es auch als Download in der DigiBib, siehe hintere Umschlag-Innenseite.

Hinweis: Eine detaillierte Anleitung für FPP mit Schrittbildern gibt es auf Seite 26/27.

1 Die Schnittmusterteile A und B ausdrucken und an den gestrichelten Linien ausschneiden.

2 Am Schnittmusterteil A mit dem Klebestift ein Stück rosafarbenen Stoff auf Feld 1 fixieren, sodass die linke Stoffseite auf der Unterseite des Papiers liegt.

3 Für die Felder 2–6 wird der Punktestoff verwendet. Das Papier an der Linie zu Feld 2 zurückklappen und den Stoff rechts auf rechts an der Stoffkante des vorigen Stoffes anlegen, fixieren, festnähen und dann in Richtung Feld 2 bügeln.

4 Schritt 3 für alle weiteren Felder entsprechend der Nummerierung wiederholen, bis Schnittteil A vollständig ausgefüllt ist.

5 Dann die Schritte 2–4 am Schnittteil B wiederholen.

6 Schnittteil A und B rechts auf rechts aneinandernähen.

7 Das Papier auf der Rückseite vorsichtig entfernen und die Nahtzugaben flach bügeln.

8 Jetzt kann der so entstandene Herz als Oberseite für ein quadratisches MugRug weiterverarbeitet werden. Eine Beschreibung hierzu findest du auf den Seiten 2 und 10 und die Schablone auf Bogen 2A.

Sawtooth Star

FPP – Klassischer Quilt Block

MOTIVGRÖSSE
13,5 cm x 13,5 cm

MATERIAL FÜR EIN MUGRUG
- Stoff in Pink mit Sternen oder in Apricot für den Hintergrund, 15 cm x 15 cm
- Stoff in Hellgrau oder Graublau mit Punkten für die Sternzacken, 10 cm x 10 cm
- Wintermotivstoff für das innere Quadrat, 10 cm x 10 cm
- Stoff für die Rückseite, 15 cm x 15 cm
- Thermolam-Vlies, 15 cm x 15 cm
- farblich passendes Nähgarn
- Lineal
- Textil-Klebestift

ZUSCHNITT
Der Zuschnitt erfolgt während des Nähens.

NAHTZUGABE
Die Nahtzugabe beträgt ¼" (≈ 0,6 cm).

SCHNITTMUSTERBOGEN
Bogen 1A

Das Schnittmuster gibt es auch als Download in der DigiBib, siehe hintere Umschlag-Innenseite.

Hinweis: Eine detaillierte Anleitung für FPP mit Schrittbildern gibt es auf Seite 26/27.

1 Die Schnittmusterteile A, B, C und D ausdrucken und an den gestrichelten Linien ausschneiden.

2 Am Schnittmusterteil A ein Stück Hintergrundstoff auf Feld 1 mit dem Klebestift fixieren, sodass die linke Stoffseite auf der Unterseite des Papiers liegt.

3 Für Feld 2 und 3 wird der Stoff in Hellgrau/Graublau verwendet. Das Papier an der Linie zu Feld 2 zurückklappen und ein passendes Stück Stoff rechts auf rechts an der Stoffkante des vorigen Stoffes fixieren, festnähen und dann in Richtung Feld 2 bügeln.

4 Schritt 3 für alle weiteren Felder entsprechend der Nummerierung wiederholen, bis Schnittteil A vollständig ausgefüllt ist, für Feld 4 und 5 ebenfalls den Hintergrundstoff verwenden.

5 Schritte 2–4 an allen weiteren Schnittteilen wiederholen. Am Schnittteil B für Feld 4 den Wintermotivstoff verwenden.

6 Schnittteil B und C rechts auf rechts aneinandernähen.

7 Schnittteil A rechts auf rechts an die Oberkante von Teil B/C nähen.

8 Schnittteil D rechts auf rechts an die Unterkante von Teil B/C nähen.

9 Das Papier auf der Rückseite vorsichtig entfernen und die Nahtzugaben flach bügeln.

10 Jetzt kann der Stern als Oberseite für ein quadratisches MugRug weiterverarbeitet werden. Eine Beschreibung hierzu findest du auf den Seiten 2 und 10 und die Schablone auf Bogen 2A.

Meine Tipps für dich

Soll das MugRug größer werden, können rundherum jeweils Streifen angesetzt und der Block so auf das gewünschte Maß vergrößert werden.

Auf dem Foto auf Seite 1 siehst du eine weitere Farbvariante des Sterns.

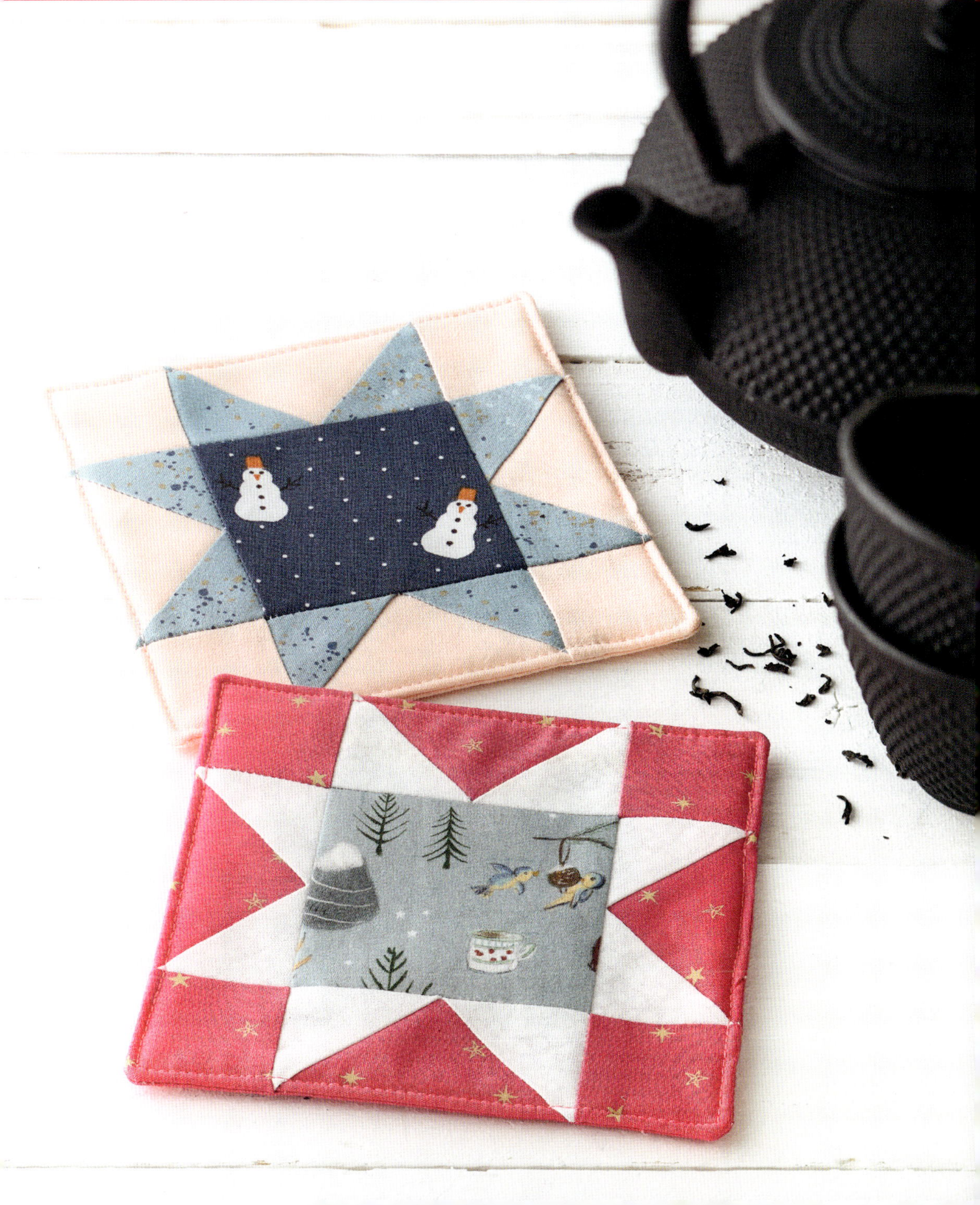

Mugrug mit Fenster

Negativapplikation für hübsche Details

GRÖSSE
12 cm x 18 cm

MATERIAL FÜR EIN MUGRUG

- Stoff in Uni oder „falschem" Uni für die Oberseite, 15 cm x 20 cm
- Stoff in Beige für die Unterseite und den Fenster-Beleg, 30 cm x 20 cm
- Blumenstoff für den Fensterausschnitt, 15 cm x 15 cm
- Thermolam-Vlies, 15 cm x 20 cm
- Markierstift
- Stecknadeln
- farblich passendes Nähgarn

ZUSCHNITT
STOFF FÜR OBER- UND UNTERSEITE SOWIE VLIES:
je 1 Rechteck à 13,5 cm x 19,5 cm
STOFF FÜR BELEG UND FENSTERAUSSCHNITT:
je 1 Quadrat à 13 cm x 13 cm

NAHTZUGABEN
Die Schnittteile enthalten eine Nahtzugabe von 0,75 cm.

SCHNITTMUSTERBOGEN
Bogen 1A, 2A

1 Die Schablone für den Fensterausschnitt ausschneiden oder abpausen und auf die linke Seite des Fensterbeleges übertragen.

2 Den Stoff für den Fensterbeleg rechts auf rechts auf den Oberseitenstoff legen, siehe Markierung im Schnittteil, und mit ein paar Stecknadeln oder Klammern fixieren.

3 Den Beleg und Oberseitenstoff genau auf der Fenstermarkierung aufeinandernähen.

4 Innerhalb des Kreises den Stoff mit ca. 1 cm Abstand zur Naht des Fensters wegschneiden.

5 Die Nahtzugabe anschließend an der Rundung rundherum bis dicht an die Naht einschneiden.

6 Das Teil wenden, sodass außen jeweils die rechten Stoffseiten zu sehen sind. Gut ausformen und bügeln.

7 Jetzt den Stoff für den Fensterausschnitt mit der rechten Seite nach oben unter den Ausschnitt legen, sodass das Fenster komplett ausgefüllt wird, und alles fixieren.

8 Von der Oberseite aus, das Fenster knappkantig rundherum absteppen. Dafür eignet sich der Geradstich oder auch ein Zierstich.

9 Zum Schluss den Rückseitenstoff rechts auf rechts auf den Oberseitenstoff, das Vlies obendrauf legen und alles rundherum zusammennähen, dabei an einer Seite eine Wendeöffnung lassen. Die Naht am Anfang und Ende gut verriegeln.

10 Die Ecken zurückschneiden, alles durch die Wendeöffnung wenden und gut ausformen.

11 An der Wendeöffnung die Nahtzugabe nach innen klappen und dann die Außenkanten – besonders an der Wendeöffnung – gut in Form bügeln.

12 Das MugRug an der Außenkante knappkantig absteppen und dabei die Wendeöffnung schließen.

„Bierdeckel"

... mit Unterseite aus Kork

GRÖSSE
12 cm x 12 cm

MATERIAL
- Stoff in Beige für die Ober- und Unterseite, 15 cm x 30 cm
- Thermolam-Vlies, 15 cm x 15 cm
- Korkstoff, 15 cm x 15 cm
- farblich passendes Nähgarn
- dunkles Garn für die Schrift und zum Absteppen
- Trickmarker
- Stoffklammern

ZUSCHNITT
STOFF IN BEIGE:
2 Quadrate à 13,5 cm x 13,5 cm
VLIES:
1 Quadrat à 13,5 cm x 13,5 cm
KORKSTOFF:
1 Quadrat à 11,5 cm x 11,5 cm

NAHTZUGABEN
Die Schnitteile enthalten eine Nahtzugabe von 0,75 cm.

SCHNITTMUSTERBOGEN
Bogen 2A

1 Stoff, Vlies und Kork mithilfe der Vorlagen mit abgerundeten Ecken zuschneiden.

2 Den gewünschten Schriftzug von der Vorlage mit Trickmarker auf den Oberstoff übertragen und dann mit einem Geradstich mit kurzer Stichlänge auf der vorgezeichneten Linie nachnähen. Soll die Schrift etwas markanter werden, den Dreifach-Geradstich verwenden. Die Fadenenden auf die Rückseite durchziehen und verknoten.

3 Die Stoffzuschnitte für Ober- und Unterseite rechts auf rechts aufeinanderlegen, das Vlies obendrauf platzieren.

4 Rundherum zusammennähen, dabei an einer Seite eine Wendeöffnung lassen. Anfang und Ende der Naht gut verriegeln.

5 Die Nahtzugabe entlang der Rundung mehrmals v-förmig bis dicht an die Nahtlinie einschneiden. Das MugRug durch die Wendeöffnung wenden und gut ausformen. An der Wendeöffnung die Nahtzugabe nach innen einklappen und die Kanten bügeln.

6 Den Korkstoff auf die Unterseite legen, sodass die rechte Seite des Korkstoffs außen zu sehen ist. Alles gut ausrichten und mit ein paar Klammern fixieren.

7 Das MugRug rundherum absteppen und dabei den Korkstoff annähen und die Wendeöffnung schließen.

Mein Tipp für dich

Der Korkstoff kann auch mit ein paar Punkten Kleber statt mit Klammern auf der Unterseite fixiert werden, aber achte darauf, den Kleber nicht in dem Bereich aufzutragen, wo die Naht verlaufen soll, sonst verklebt beim Nähen eventuell die Nadel.

Şerefe

Cheers

Jubel

Salud

Prost

Eckiges Utensilo

Aufbewahrung für eckige MugRugs

GRÖSSE

ca. 13 cm x 13 cm x 5 cm

MATERIAL

- Stoff in Grau mit schwarzem Karomuster für die Oberseite, 30 cm x 30 cm
- Stoff in Grau mit schwarzen Blumen für die Unterseite, 30 cm x 30 cm
- Volumenvlies H640, 30 cm x 30 cm
- farblich passendes Nähgarn

ZUSCHNITT

STOFF FÜR OBER- UND UNTERSEITE SOWIE VOLUMENVLIES:

je 1 Quadrat à 26,5 cm x 26,5 cm

NAHTZUGABE

Die Schnittteile enthalten eine Nahtzugabe von 0,75 cm.

SCHNITTMUSTERBOGEN

Bogen 2B

1 Die Vlieseinlage auf die linke Seite der Oberseite bügeln.

2 Beide Stoffteile rechts auf rechts aufeinanderlegen, feststecken und rundherum zusammennähen, dabei an einer Seite eine Wendeöffnung lassen.

3 Die Nahtzugaben an den Ecken schräg abschneiden, dann alles durch die Wendeöffnung wenden, schön ausformen und bügeln.

4 Das Teil knappkantig rundherum absteppen, dabei die Wendeöffnung schließen.

5 Mit der Innenseite nach oben das Quadrat in der Mitte falten, sodass die Stoffkanten aufeinanderliegen.

6 An den Seiten der Faltkante mit einem Abstand von je 3,5 cm zur Ecke diagonale Linien einzeichnen.

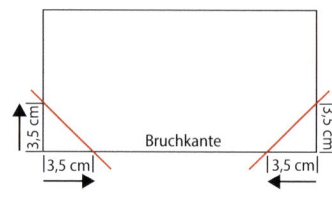

7 Entlang dieser Linien die Ecken gerade absteppen.

8 Das Teil aufklappen, um 90° gedreht in der Mitte falten und die Schritte 5 bis 7 an den beiden anderen Ecken wiederholen.

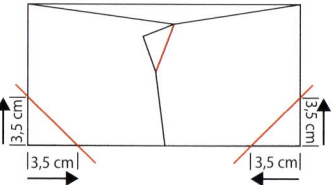

9 Das Teil aufklappen und schön ausformen, sodass zwischen den abgenähten Ecken ein quadratischer Boden entsteht.

10 Die Spitzen nach unten falten und alle Ecken und Spitzen mit Handstichen fixieren.

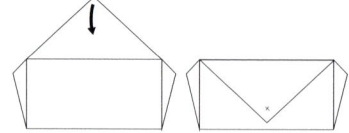

Rundes Utensilo

Aufbewahrung für runde MugRugs

GRÖSSE

ø ca. 15 cm, 13 cm hoch
(gekrempelt 8 cm)

MATERIAL

- Blümchenstoff in Grau als
  Außenstoff, 20 cm x 70 cm
- Karostoff in Schwarz/Grau als
  Innenstoff, 20 cm x 70 cm
- Volumenvlies H640,
  20 cm x 50 cm
- Vlieseinlage Style-Vil,
  20 cm x 20 cm
- farblich passendes Nähgarn

ZUSCHNITT

**BLÜMCHEN- UND
KAROSTOFF:**

je 1x Boden

je 1x Seitenwand

VOLUMENVLIES:

1x Seitenwand

VLIESEINLAGE:

1x Boden

SCHNITTMUSTERBOGEN

Bogen 1B

1 Die Vlieseinlage auf die linken
Seiten der Außenteile aus Blümchenstoff bügeln.

2 Die Seitenwände jeweils an den
schmalen Seiten rechts auf rechts
zum Ring zusammennähen. Die
Nahtzugaben auseinanderbügeln.

3 Die Seitenwände nun jeweils
mithilfe der Nahtzeichen rechts auf
rechts an die Bodenteile stecken und
rundherum festnähen.

4 Die Nahtzugaben am Boden
v-förmig bis dicht an die Naht einschneiden.

5 Jetzt das Innenteil (rechte Seite
zeigt nach außen) und das Außenteil
(rechte Seite zeigt nach innen) rechts
auf rechts ineinanderstellen, die
Nähte der Seitenwände treffen dabei
aufeinander.

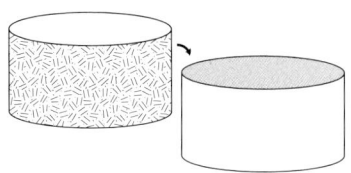

6 Das Außen- und Innenteil nun
an der oberen Kante zusammennähen, dabei eine Wendeöffnung
lassen.

7 Das Utensilo durch die Wendeöffnung wenden und beide Teile in-
einanderschieben. Die Naht gut ausformen, die Wendeöffnung nach
innen einschlagen und gut bügeln.

8 Die obere Kante knappkantig
rundherum absteppen und dabei die
Wendeöffnung schließen.

9 Den Rand nach außen um-
krempeln.

Mein Tipp für dich

Möchtest du ein niedrigeres
Utensilo, kannst du die Seitenwände einfach schmaler
zuschneiden.

Teebeuteltäschchen

Kleiner Begleiter für Teeliebhaber

GRÖSSE
ca. 9 cm x 11,5 cm

MATERIAL
- Stoff in Hellblau mit Kreuzmuster, 15 cm x 40 cm
- Stoff in Dunkelblau mit Strichmuster, 20 cm x 25 cm
- Punktestoff in Mint, 20 cm x 20 cm
- Volumenvlies H640, 20 cm x 20 cm
- farblich passendes Nähgarn
- Gummiband, 8 cm
- Knopf

ZUSCHNITT

STOFF IN HELLBLAU:
2 Rechtecke à 19,5 cm x 13,5 cm
(Innen- und Außenseite)

VOLUMENVLIES:
1 Rechteck à 19,5 cm x 13,5 cm

STOFF IN DUNKELBLAU:
1 Rechteck à 19,5 cm x 20,5 cm
(obere Tasche)

PUNKTESTOFF IN MINT:
1 Rechteck à 19,5 cm x 13,5 cm
(untere Tasche)

NAHTZUGABEN
Die Schnittteile enthalten eine
Nahtzugabe von 0,75 cm.

SCHNITTMUSTERBOGEN
Bogen 2B

1 Das Volumenvlies auf die linke Seite eines hellblauen Rechtecks bügeln und das Teil zur Seite legen.

2 Den Stoff für die obere und untere Tasche jeweils links auf links zur Hälfte falten und bügeln
(= 19,5 cm x 10,25 cm und
19,5 cm x 6,75 cm).

3 Die obere Tasche bündig mit der Unterkante (= offene Stoffkanten) auf das hellblaue Rechteck ohne Vlies legen und mit 4 cm Abstand zur Unterkante annähen.

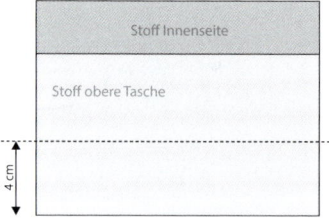

4 Für die untere Tasche den Stoff ebenfalls mit der offenen Kante nach unten auf die obere Tasche legen, dabei sind die Unterkanten wieder bündig. Diesmal mittig über die obere und untere Tasche steppen und so beide Taschen auf dem Innenstoff festnähen.

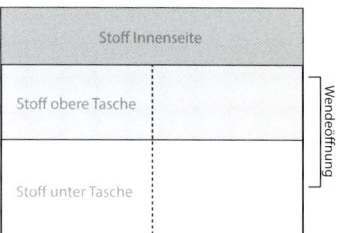

5 Das verstärkte Außenteil nun rechts auf rechts auf das Innenteil mit den Taschen legen und rundherum zusammennähen, dabei eine Wendeöffnung an der rechten Kante offen lassen.

6 Die Nahtzugaben an den Ecken schräg abschneiden, das Teil durch die Wendeöffnung wenden und schön ausformen.

7 Das Gummiband zur Schlaufe legen und diese Schlaufe kurz über dem unteren Täschchen in die Wendeöffnung legen, feststecken und alles rundherum absteppen, dabei die Wendeöffnung schließen und die Schlaufe fixieren.

8 Auf der Vorderseite einen Knopf als Verschluss passend zur Schlaufe annähen.

Alexandra Klotz Geboren und aufgewachsen in Berlin, lebt Alexandra Klotz mit ihrem Mann, drei Töchtern und einem Kater südlich von Stuttgart. Handarbeit gehörte in ihrer Familie schon immer dazu: Ob genäht, gestickt, gestrickt oder gebastelt – ihre eigene Mama erfüllte immer wieder Kostüm- oder Kleidungswünsche. So erhielt Alexandra bereits als Kind ihre erste eigene Nähmaschine und kleidete ab sofort Barbies, Puppen und Stofftiere ein. Frei nach dem Motto „Ich versuche es einfach mal" stellt sie sich gerne neuen Herausforderungen und näht von Kleidung über Taschen bis zu Accessoires alles, was sich nähen lässt. Auf Instagram bloggt sie unter dem Pseudonym **@sew_fluff_and_fold**.

Freischalt-Code für die DigiBib: 55572

Penguin Random House Verlagsgruppe
FSC® N001967

TOPP – Unsere Servicegarantie

Wir sind für dich da! Bei Fragen zu unserem umfangreichen Programm oder Anregungen freuen wir uns über deinen Anruf oder deine Post. Lobe uns, aber scheue dich auch nicht, deine Kritik mitzuteilen – sie hilft uns, ständig besser zu werden.

Bei Fragen zu einzelnen Materialien oder Techniken wende dich bitte an unseren Kreativservice:
hilfe@frechverlag.de
Telefon 0711 / 123 757 20

Das Produktmanagement erreichst du unter:
pm@frechverlag.de
oder:
frechverlag
Produktmanagement
Dieselstraße 5
70839 Gerlingen
Telefon 07 11 / 8 30 86 68

LERNE UNS BESSER KENNEN! Frage deinen Hobbyfach- oder Buchhändler nach unserem kostenlosen Magazin **Meine kreative Welt**. Darin entdeckst du zweimal im Jahr die neuesten Kreativtrends und interessantesten Buchneuheiten.

Oder besuche uns im Internet! Unter **www.topp-kreativ.de** kannst du dich über unser umfangreiches Buchprogramm informieren, unsere Autoren kennenlernen sowie aktuelle Highlights und neue Kreativtechniken entdecken, kurz – die ganze Welt der Kreativität.

Kreativ immer up to date bist du mit unserem monatlichen **Newsletter** mit den aktuellsten News aus dem frechverlag, Gratis-Bastelanleitungen und attraktiven Gewinnspielen.

IMPRESSUM

FOTOS: frechverlag GmbH, 70839 Gerlingen; lichtpunkt, Michael Ruder, Stuttgart; Stepfotos und S. 48: Alexandra Klotz
PRODUKTMANAGEMENT: Claudia Mack
HERSTELLUNG: Heike Köhl
COVERGESTALTUNG: Lena Sofie Schmitt
SATZ: Fotosatz H. Buck
LEKTORAT: Beate Schmitz, Stegen
DRUCK: DZS Grafik, Slowenien

1. Auflage 2025

© 2025 **frechverlag** GmbH, Dieselstr. 5, 70839 Gerlingen, einem Unternehmen der Penguin Random House Verlagsgruppe GmbH, München
produktsicherheit@frechverlag.de
ISBN 978-3-7358-7169-5 • Best.-Nr. 27169